Braulio Polo Braga

Infância Luminosa

Contos de aquecer o coração e fazer você se
envolver com as cenas narradas

Diagrama

EDITORIAL

São Carlos
2020

Projeto gráfico, revisão de texto e diagramação
Diagrama Editorial

Dados Internacionais de Catalogação na Publicação (CIP)
de acordo com ISBD

B813i   Braga, Braulio Polo

                Infância luminosa : contos de aquecer o coração e fazer você se
           envolver com as cenas narradas / Braulio Polo Braga ; ilustrado por Dia-
           grama Editorial. - São Carlos, SP : Diagrama Editorial, 2020.
                98 p. : il.

                ISBN: 978-65-86512-08-3

                1. Biografia. 2. Contos. 3. Literatura. I. Diagrama Editorial. II.
           Título.

2020-2820   CDD 920
                                                                           CDU 929

Elaborado por Vagner Rodolfo da Silva - CRB-8/9410
Índice para catálogo sistemático:
1. Biografia 920
2. Biografia 929

Diagrama
EDITORIAL

Rua XV de Novembro, 2190, Centro
13560-240 - São Carlos, SP
Fone: 16 3413-9142
www.diagramaeditorial.com.br

BRAULIO POLO BRAGA

Imagem da Vila dos Americanos, Peixoto, 2016.

INFÂNCIA LUMINOSA

Retrata o cotidiano nos acampamentos de hidrelétricas, no final dos anos 50 e início dos anos 60, sob a ótica de um garoto.

Contos de aquecer o coração e fazer você se envolver com as cenas narradas, com magníficas imagens:

- Da construção das Usinas de Peixoto e de Furnas;
- Das vilas residenciais das usinas de Peixoto e de Furnas;
- Dos caminhões GMC dos anos 50;
- Do Rio Grande e da Serra da Canastra.

SUMÁRIO

FURNAS   **67**

1

Prefácio

Para atender à crescente demanda de energia na região sudeste, o governo federal do Presidente Juscelino Kubitschek fundou a empresa Central Elétrica de Furnas, em 1957.

Visita do Presidente Juscelino à Usina de Furnas. (Foto cedida gentilmente por Furnas)

A finalidade era a construção da grande Usina Hidrelétrica de Furnas, no Rio Grande, em Minas Gerais.

Em tal ano, a Usina de Peixoto (a respeito da qual o Braga também conta lindas e interessantes estórias) estava em fase de conclusão, e muita gente de lá foi para Furnas.

Devido à complexidade da obra, vieram trabalhadores de todo o Brasil e exterior. Para abrigar esses trabalhadores e suas famílias, foram construídas vilas de casas padronizadas, de diversos tipos, confortáveis, funcionais e mobiliadas.

Nossos pais trabalhavam nesse empreendimento com muito orgulho, pois com seu conhecimento profissional e dedicação estavam ajudando a construir um Brasil melhor.

Uma grande preocupação dos pais era passar aos filhos, através de seu exemplo, a dedicação e comprometimento com o trabalho e também os valores éticos e morais que carregamos por toda a vida.

Em Furnas, nós, os filhos, estávamos em idade escolar e estudávamos em Passos.

A nossa rotina era acordar às 5 da manhã, tomar café e irmos para o ponto de ônibus.

O micro-ônibus de Furnas, destinado a levar os estudantes, passava às 6 horas. Era uma correria danada.

A estrada era de terra e com muitos buracos, mas chegávamos praticamente sem sentir, pois íamos conversando, brincando e fazendo bagunça nesse percurso de 50 minutos até Passos.

Frequentávamos as aulas e, mais ou menos ao meio dia, hora em que o Cine Roxy começava a tocar em seus potentes autofalantes, a música "Brasil", com Ray Conniff, nós já sabíamos: correr para o ponto, senão íamos perder a condução de retorno para Furnas.

Pois bem. O Braga vai a fundo nessas lembranças pueris de Peixoto, de Furnas e de outras usinas, no livro "Infância Luminosa", o terceiro de sua carreira de escritor.

Através dele, lembro-me do cotidiano dos acampamentos das hidrelétricas, onde morei e trabalhei.

É como se abrisse uma fenda no tempo e, de repente, eu mergulhasse em suaves reminiscências dos fins dos anos 50 e início dos anos 60.

Ótima leitura a todos.

Dagoberto Sarpe Nogueira.
Ex-Gerente de Eletroeletrônica da empresa
Furnas Centrais Elétricas S/A.
Associado ao Rotary Clube de Mogi das Cruzes/SP.

Por que escrevi este livro?

Porque sinceramente acredito que as suaves mensagens aqui contidas servirão para aguçar as respectivas lembranças da infância de todos os leitores e leitoras.

Porque sempre quis registrar esse tempo maravilhoso que parecia não passar. Um tempo de felicidade e segurança à sombra de nossos pais.

Porque gostaria de servir de inspiração para que os leitores e leitoras trilhem também o caminho de escritor ou escritora.

Porque, através destes textos, penso que ofereço diversão prazerosa a toda a humanidade, servindo como meio de relaxamento, alegria e entretenimento saudável.

Quem sabe você possa ser estimulado a reconstituir e registrar seu próprio arquivo de memórias, a exemplo do que eu fiz aqui.

Um grande abraço.

Contato: sejaoempreendedordesuavida@gmail.com

3

Um dedo de prosa com o autor

Olá, meu amigo leitor/minha amiga leitora!

Houve uma vez um lugar chamado Peixoto em minha vida, graças a Deus e a meus pais.

Refiro-me ao local de construção da Usina hidrelétrica de mesmo nome, em Ibiraci, Minas Gerais.

Neste ponto gostaria de estimular sua imaginação.

Imagine você:

Um lugar mágico sob as montanhas da Serra da Canastra, de clima, água, vibrações e calor humano inigualáveis.

Que haja um grande rio correndo entre montanhas. Imagine que ele se chame Rio Grande.

Que haja vilas residenciais habitadas por pessoas amigas e solidárias e uma grande obra surgindo.

Uma escola que, à noite, vira cinema e que as poltronas são as próprias escrivaninhas.

Montanhas que você possa escalar e, de lá de cima, acenar para seus pais.

Aí está a Usina de Peixoto recriada com a sua ajuda.

Como filho de um dos peixoteiros pioneiros dos anos cinquenta (1953 a 1959), as lembranças daquela época teimaram em não me deixar.

Então, comecei a escrever estórias sobre o cotidiano de Peixoto, Salto Grande – Americana, Furnas e Santa Branca, para meus familiares.

Eles gostaram e pediam que eu escrevesse mais.

Os contos têm sabor de "quero mais", disse minha irmã Glaucia.

Pois bem. Estes textos curtos e com sabor de "quero mais" estão reunidos aqui.

Ótima leitura!

Araraquara/SP, Primavera de 2020.

Dedicatórias

A Deus, por permitir que eu recrie lembranças agradáveis e inesquecíveis e as repasse a meus semelhantes.

Ao meu pai Manoel Lopes Braga (*in memoriam*), que ajudou a construir as Usinas de Peixoto, Furnas e outras.

À minha mãe, Nair Polo Braga, que o acompanhou como verdadeira e devotada companheira.

Aos meus familiares que me apoiaram e incentivaram na elaboração desta obra.

A minha esposa, Aparecida Belossão, que, com olhar crítico e certeiro e ótimas sugestões, conseguiu aprimorar este trabalho.

Aos Peixoteiros de todo o Brasil, em cujas veias corre a energia pura de Peixoto.

5

Como meus pais se conheceram

Casamento de meus pais, 31/07/1948.

Nair, de Penápolis, estado de São Paulo, professora, filha de espanhóis. Passava férias na casa da irmã, em Americana, estado de São Paulo.

Manoel, de Afonso Cláudio, estado do Espírito Santo, filho de portugueses. Trabalhava como mecânico de máquinas pesadas na construção da Usina de Salto Grande, em Americana.

Antonieta, irmã de Nair, era casada com um topógrafo e fotógrafo chamado Flávio, amigo de Manoel e que também trabalhava na referida obra. Eram vizinhos no acampamento.

Nair e Manoel encontraram-se por coincidências do destino e influência de familiares e amigos.

Ao se conhecerem, logo se enamoraram. Mas, Nair era noiva. Na sequência, desmanchou o noivado por carta e devolveu a aliança junto. Fato curioso: Manoel se encarregou de colocar a correspondência no correio.

O primeiro filme que assistiram juntos foi "Sansão e Dalila", com Hedy Lamarr e Victor Mature.

Tempos depois de namorarem por carta, Manoel foi a Penápolis para pedir a mão de Nair em casamento. E só retornou àquela cidade para a cerimônia.

Casaram-se em 31 de julho de 1948.

Eu nasci em julho de 1949 em Americana e minha irmã, Glaucia, em junho de 1951.

Lembranças da
Rua Carioba – Americana

Francisco Alves fazia grande sucesso com a música "Serra da boa esperança", em 1952. Ele era um dos grandes cantores brasileiros da época e a canção tocava em todas as rádios.

Nesse mesmo ano, papai comprou um caminhão Chevrolet 1948, boca de sapo. Ele tinha saído da Usina de Salto Grande e exercia agora novas atividades, que eram a de caminhoneiro e mecânico. De forma que toda a manutenção no veículo era feita por papai.

A família tinha mais um membro: minha irmã Glaucia.

Eu era pequeno, muito observador, segundo diziam meus pais. Mexia na caixa de ferramentas e com qualquer instrumento que achasse eu ia consertar o caminhão, à semelhança do que via meu pai fazendo.

Observava também que meu pai se deitava embaixo do veículo para realizar algum conserto.

Pois bem, num daqueles dias ele iria fazer uma entrega em outra cidade.

Nós todos iríamos acompanhá-lo, segundo mamãe me contou.

Portanto, era hora de reunir a família.

Procuraram-me em todo o canto e até na casa de Vovó Palmira, mãe de papai. Minha avó, que era super ligada a mim, também começou a busca. Chamavam-me e nada de me acharem. Devia estar muito concentrado.

Vizinhos foram então acionados, e em pouco tempo a rua toda estava à minha procura.

Meu pai teve a ideia de ir até a Delegacia e pedir ajuda à Polícia.

Funcionou o caminhão, deu ré e... quem aparece? Eu, que estava deitado sob o veículo "consertando-o", exatamente como observava papai fazer.

Minha mãe, com o susto, ficou branca e precisou tomar água com açúcar. Ela falou que as pernas de meu pai tremiam como vara verde.

Depois de recuperados, me abraçaram com ternura e se joelharam em gratidão a Deus. Foi um festival de abraços deliciosos de papai, mamãe, vovó e vizinhos.

PEIXOTO

7
Para você se localizar:
cenário das estórias de minha infância

Usina Hidrelétrica de Peixoto/MG. Atual Usina Hidrelétrica Mascarenhas de Moraes.

A Usina Hidrelétrica de Peixoto está localizada no município de Ibiraci, estado de Minas Gerais, a cerca de setenta quilômetros da cidade de Franca, estado de São Paulo.

Ela foi construída durante os anos de 1953 a 1957. Foi nesse período e nessa linda localidade que passei minha infância. Fiz o primário na escola de Peixoto, sendo aluno da espetacular professora Dona Lurdinha.

Se hoje sou um escritor, devo à maratona de verbos e redações que fiz nesses anos de escola.

Peixoto era um burburinho nos anos da construção da Usina. Para lá foram brasileiros de todos os recantos do país. E muitos gringos de várias partes do mundo, principalmente americanos.

Vários eventos sociais aconteciam no acampamento, como bailes, espetáculos teatrais e também festas da escola que, durante a noite, virava cinema ou teatro.

Tínhamos uma vista espetacular da serra da Canastra e do Rio Grande. Nos dias de chuva, admiráveis cachoeiras fluíam dessas montanhas.

8

Peixoto, 1953

Hotel Piçarra. Ponto final da primitiva estrada de terra que vinha de Ibiraci/MG, a alguns quilômetros da futura Usina Hidrelétrica.

De um veículo empoeirado surgiram seis americanos – eram engenheiros, trajando calça e camisa cáqui.

O Líder do grupo era um americano sorridente boa praça, chamado A.C. Marane.

Ele seria o superintendente da futura obra, descrita abaixo.

Mesmo com as dificuldades próprias de linguagem, pediram cavalos selados para irem até a cachoeira do Inferno, que eles só conheciam por fotos aéreas, fornecidas pela CPFL – Companhia Paulista de Força e Luz.

Pediram também guias locais que os levassem até lá. Assim foi feito.

Na longa cavalgada até o referido lugar, conversavam muito entre si. Os guias nada entendiam, mas sabiam que algo grande iria acontecer ali.

Os americanos foram embora com muitas ideias na cabeça, longas anotações e inúmeras fotos do local.

Voltaram tempos depois, com um projeto definido do que seria a grande barragem.

Outros galegos (estrangeiros, principalmente os de origem americana) e candangos (trabalhadores brasileiros de toda parte do país) vieram para ajudar a tornar realidade o grande empreendimento: construir uma usina hidrelétrica de porte grande para a época, aproveitando as águas do Rio Grande, na Cachoeira do Inferno.

Equipamentos nunca antes vistos começaram a passar em frente do Hotel Piçarra: carretas com escavadeiras, caminhões fora de estrada, camionetes, tratores, britadores etc.

Alguns matutos receosos fugiram para o meio do mato, com medo de tudo aquilo e daquela barulheira danada.

O movimento, então, tornou-se alucinante.

Estradas, vilas residenciais, escritórios da obra, refeitório, britadores, central de concreto etc. começaram a surgir como suporte da futura usina.

Para os habitantes locais seria impossível domar a Cachoeira do Inferno. Mas, nesse caso, o impossível aconteceu.

Peixoto, a vila de estórias e sonhos, estava apenas começando.

(Baseada no livro "Usina de Peixoto", editado pelo Conselho Municipal do Patrimônio Cultural de Ibiraci – 2006, pág. 13.)

9

A saga para Peixoto: abertura da obra "Infância Luminosa" (Como tudo começou)

Em 1949, ano de meu nascimento, a usina de Salto Grande, em Americana – estado de São Paulo, estava pronta. Ela tinha 30 MW de Potência e aproveitava as águas do Rio Atibaia.

Entretanto, a CPFL, que era a dona do empreendimento, com uma apurada visão de futuro, queria mais.

Daí surgiria, anos depois, a Usina Hidrelétrica de Peixoto, com potência instalada de 480 MW, dezesseis vezes a de Salto Grande.

Papai e tio Flávio tinham trabalhado na Usina de Salto Grande e eram bons amigos.

Em 1953, Tia Antonieta, irmã de mamãe, estava se mudando para Peixoto com tio Flávio, que era topógrafo e fotógrafo.

Foi um dos pioneiros.

Aliás, as primeiras fotos de Peixoto foram tiradas por ele e o texto constante em cada uma delas é de sua caprichada caligrafia.

As irmãs sempre trocavam correspondência. Em uma dessas cartas, tio Flávio escreveu que muita gente de Salto Grande estava em Peixoto e que papai deveria ir até lá para obter uma nova colocação na CPFL.

Papai foi na frente, sozinho, e voltaria para buscar a família, caso o emprego desse certo.

Um mês depois, ele retornou em um caminhão de Peixoto para

fazer nossa mudança. Estava tudo acertado e nossa nova casa já estava nos aguardando.

Foi uma correria danada para arrumar tudo rapidinho e partir.

Morei em dois lugares em Peixoto: Vila de 10 casas implantadas na parte central de uma linda montanha, reservadas aos encarregados

(poucos se lembram dessas casas, cujos restos das fundações estão lá, segundo foi me informado por um funcionário da Operação da usina).

Depois, morei na Vila dos Americanos, numa das casas de madeira próximas ao Staff House ou Casa de Hóspedes, como queira.

E assim começou nossa linda epopeia em Peixoto, gerando o livro "Infância luminosa".

Vila dos Americanos, eu e meus familiares. Estou à esquerda da foto. 1959.

10

Curiosidades e cronologia[1]

- Por que o nome "Peixoto"

Porque grande parte da área geográfica pertencia aos Peixotos, família de origem portuguesa que, durante muitas gerações, era proprietária de grande parte da região da Usina.

- A CPFL e o projeto - Final dos anos 40

"No final dos anos 40, a Cia Paulista de Força e Luz projetava construir uma Usina hidrelétrica de grande porte para abastecer a demanda crescente da região sudeste.

A escolha de Peixoto considerou sua posição geográfica e suas peculiaridades físicas e geológicas (o estreitamento da Cachoeira do Inferno permitia a construção de uma barragem com dimensões menores e boa capacidade de geração de energia elétrica)".

A título de curiosidade[2] a CPFL, proprietária da obra, foi fundada com a união de duas pequenas empresas: Força e Luz do Jahu e Tração Luz e Força Campineira.

- 1953 - Início das obras

---

1 Texto elaborado com base no Livro "Usina de Peixoto", editado pelo Conselho Municipal do patrimônio Cultural de Ibiraci/MG, 2006.

2 Colaboração do Sr. Douglas Guzzo.

Cachoeira do Inferno no início das obras. 25/09/1953. (Foto cedida gentilmente por Furnas)

As obras principais foram o desvio do rio por um túnel escavado na rocha e a construção das vilas residenciais para os trabalhadores e corpo gerencial da obra, além, é claro, da própria construção da usina.

Construção do túnel para desvio do Rio Grande. 19/11/1954. (Foto cedida gentilmente por Furnas)

- Novembro de 1956

Fechamento do túnel para o início do enchimento do reservatório.

Escavadeira 22 B trabalhando nas proximidades da entrada do túnel de Peixoto/MG. (Foto cedida gentilmente por Furnas)

- 21 de dezembro de 1956

Início da geração de energia elétrica, com uma turbina geradora.

Caminhões GMC com peças para montagem das turbinas geradoras de energia elétrica. (Foto cedida gentilmente por Furnas)

- 29 de abril de 1957

Segunda-feira de festa. Inauguração oficial da usina, com a presença do então presidente da república Juscelino Kubitschek de Oliveira. Duas máquinas geradoras já estavam funcionando.

- 12 de dezembro de 1968

A usina passou a se chamar Usina Marechal Mascarenhas de Moraes, em homenagem ao ex-comandante da FEB – Força Expedicionária Brasileira, que lutou na segunda guerra mundial, na Itália.

- 21 de março de 1969

Com as dez máquinas geradoras instaladas e em pleno funcionamento, foi inaugurada pelo então Presidente General Arthur da Costa e Silva.

- 01 de agosto de 1973

Venda da usina para Furnas - Centrais Elétricas, intermediada pela Eletrobrás.

11

Notas gerais e fatos econômicos

O Presidente Vargas recomendou, em 1954, a criação da Eletrobras, para regular e ampliar o setor de energia elétrica. Mas, somente em 25 de abril de 1961, Jânio Quadros assinou a Lei 3.890-A autorizando a União a constituir a Eletrobras.

Pois bem, foi nesse período de implantação dessa indústria de base que eu cresci e fui, então, morar com meus pais em usinas hidrelétricas em construção.

Meu pai trabalhou diretamente na construção de várias dessas usinas (popularmente chamadas de barragens) em Minas Gerais e no estado de São Paulo.

Ele era encarregado da terraplanagem, com máquinas especiais importadas, mão de obra brasileira e supervisão geral de técnicos e engenheiros americanos.

Nessa época ocorreu um significativo fluxo migratório para os locais desses empreendimentos: baianos, sergipanos, capixabas (como era o caso de meu pai), paulistas, gaúchos etc., que formavam um grupamento de especialistas.

Essas pessoas experientes vinham de outras construções semelhantes e eram chamadas por isso de "Barrageiros". O maior buchicho ao fim da construção de uma barragem era: Qual é a que está começando? Urubupungá, Marimbondo, Ilha Solteira, Estreito etc.

Voltando a Peixoto, a administração, as máquinas pesadas tais como tratores, escavadeiras, caminhões fora de estrada e os veículos leves e médios eram americanos.

Os trabalhadores e encarregados, muito competentes, diga-se de passagem, eram brasileiros, "fichados" na CPFL.

A vida nas vilas residenciais de Peixoto era muito boa. Os funcionários não pagavam luz, água ou aluguel. Afinal, ir trabalhar longe dos centros urbanos não era para qualquer um.

Muita gente fez um pé de meia nessa época de baixa inflação. O comércio de alimentos por parte de sitiantes locais abastecia as famílias dos empregados da usina. Alimentos como leite, frangos, mel, milho, frutas, queijos frescos e curados, peixes do Rio Grande etc. faziam parte da oferta do dia a dia e geravam um bom lucro a eles.

E os "cruzeiros" (moeda brasileira vigente na época) resultantes dessas vendas ou do recebimento mensal de salários onde ficavam? Literalmente, embaixo do colchão.

Morávamos numa casa de madeira com todo o conforto e telas mosqueteiras em portas e janelas. Foi ali que compramos a primeira geladeira (modelo Príncipe, da Brastemp) e a primeira rádio vitrola (Opera 55, da Telefunken).

D. Nair sintonizando a Rádio Nacional. 1957.

Os discos de 78 rotações – singles – de Orlando Silva, Emilinha Borba, Ângela Maria e outros faziam o show da noite para nós e para os vizinhos, sob um céu estrelado e numerosos vagalumes vagueando na varanda.

Isso ocorreu pelos idos de 1957[3], significando que uma indústria de bens de consumo estava começando de fato.

Um líder corajoso

O Setor de Terraplanagem da usina hidrelétrica de Peixoto seguia num ritmo alucinante naqueles últimos dias do mês de junho de 1955.

---

3 A folhinha na parede registra o dia 14 de julho de 1957.

Os caminhões fora-de-estrada trabalhavam dia e noite. Só paravam às 18 horas para abastecer e trocar o óleo. A seguir, eram entregues para os respectivos operadores do turno da noite.

Mensalmente havia uma meta para os setores de produção. Naquele mês, a terraplanagem estava a um passo de cumpri-la.

Mas... Havia um bar na estrada que dava acesso ao acampamento, ele se chamava Gato Preto. Era ali que o pessoal afogava as mágoas.

De noite houve uma discussão generalizada entre alguns funcionários que haviam saído do trabalho. Normalmente eram solteiros, oriundos de outras regiões do Brasil. Estavam em Peixoto por causa do emprego na grande obra de construção da usina.

Bebidas e conversa fiada. Daí para uma confusão generalizada foi um passo. Sopapos para todos os lados. Consequência: estragos – e muitos – ao Gato Preto, até que a polícia chegou para acalmar os ânimos.

Todo mundo em cana. Lá foram todos para a cadeia de tábuas improvisada pela polícia de Ibiraci, na própria usina.

Entre os presos estavam alguns operadores de máquinas pesadas do Setor de Terraplanagem.

O encarregado da terraplanagem, um capixaba boa praça e ao mesmo tempo muito valente, não teve dúvidas. Altas horas da noite, avisado em sua casa a respeito da confusão, resolveu tentar retirar o seu pessoal da cadeia.

Negativo, disse o policial, sem arredar o pé até que todo o prejuízo do bar fosse totalmente pago.

Foi então que, nervoso com a situação, de cima de um daqueles caminhões pesados, ameaçou derrubar a cadeia, se não soltassem seus funcionários. Não deu certo.

Meia hora depois, chegou o reforço policial: um cabo e mais um soldado numa radiopatrulha: o valente capixaba foi levado para Ibiraci às duas horas da manhã, preso por desacato a autoridade.

A notícia se espalhou por todo o acampamento. O encarregado ficou no xilindró, apesar de toda a interferência da direção da usina, uns gringos muito legais e que gostavam muito daquele competente supervisor.

Durante os dias em que permaneceu na cadeia, membros da equipe da terraplanagem – alguns ainda de olho roxo – foram visitá-lo na peculiar prisão interiorana.

Eles prometeram ao destemido chefe esforço extra para cumprir a meta de produtividade do mês, que na verdade foi obtida e até superada.

Ponto para o líder da terraplanagem que, ao cabo de três dias, ganhou a liberdade novamente.

13

Eu e o velocímetro

Como comentado anteriormente, nossa primeira moradia em Peixoto foi numa bucólica vila de 10 casas de madeira, devidamente implantadas na parte central de uma montanha (imagine algo como um corte transversal na colina).

Era um panorama maravilhoso, pois víamos lá embaixo a estrada de acesso à usina. E se olhássemos para cima, víamos o imponente topo da montanha. Do outro lado do vale, novas e maravilhosas montanhas. Um lugar encantado.

Havia uma rua íngreme de cascalho e pedras que ligava tal vila à estrada principal. Era nessa rua que brincávamos e corríamos.

As casas eram simples, mas tinham telas em todas as portas e janelas, com varandas e cômodos enormes, construídas sobre bases de concreto.

Naquela tardezinha gostosa do outono, ganhei um velocímetro de presente. Creio que tivesse sido retirado de algum veículo avariado e papai o trouxera para mim. Era um presentão. Uma coisa diferente que nenhum outro garoto tinha.

Na manhã seguinte, fui brincar com o velocímetro. Eu o preguei numa pequena madeira, de forma que parecesse o painel de um carro.

Saí correndo segurando as extremidades da madeira para, por pura ingenuidade, ver a velocidade que ele marcava. Corri pra lá e pra cá e nada de o ponteiro se mexer.

Como não olhava para o chão, pisei numa tábua com prego enferrujado que estava jogada na rua e ela grudou no meu pé.

Joguei o velocímetro pro alto e fui chorando para casa. Minha mãe, corajosa como sempre, puxou a tábua e retirou-a do meu pé.

Alguém foi correndo até a estrada principal parar um veículo para me levar ao ambulatório central.

Mandaram avisar meu pai, que saiu da obra e foi correndo ao nosso encontro. Tomei uma injeção de penicilina e fui para casa. O medicamento me fez tão mal, de forma que inchei todo e virei uma bola.

Minha mãe chorava e dizia que eu ia morrer.

Mandaram chamar meu pai de novo e me levaram para o ambulatório.

Lá o enfermeiro conversou com meu pai e comigo e me disse para eu não ficar triste, que iria dar tudo certo. Minha mãe estava muito brava com ele e com meu pai. O enfermeiro me deu o frasco da injeção que havia causado tanto estrago.

Voltei para casa feliz da vida com aquele vidrinho de injeção.

Meu pai levou uma bronca danada de minha mãe e nunca mais me deu velocímetros avulsos.

Logo fiquei bom de novo.

A corrida e a correria[4]

Era um belo domingo aquele de julho de 1958, uma semana depois da conquista do campeonato mundial de futebol pelo Brasil.

Nesse dia, no acampamento da usina, seria realizado um evento especial, programado havia muito tempo:

Uma minimaratona – saindo da Vila dos Americanos – residência dos graúdos – até um recanto chamado Piçarra – onde havia um hotel, uma piscina de água corrente e um delicioso churrasco à espera de todos.

Inscreveram-se muitos funcionários, entre eles meu pai.

O trajeto era de pouco mais de 5 quilômetros.

Acontece que esse percurso incluía a passagem na frente de um bar de estrada chamado "O gato Preto".

Ali morava também uma cadela grande, que havia dado cria recentemente.

Até então distraída com o movimento, de repente, ela mudou de ideia quando um corredor passou muito perto de suas crias.

Atacou o bando de corredores retardatários, doida para pegar canelas e traseiros que davam sopa.

---

4 Os nomes utilizados no conto são fictícios.

Foi uma correria danada, tipo salve-se quem puder. Era um tal de subir em árvores para se proteger, correr para dentro da mata, ou tentar subir no caminhão que vinha logo atrás, destinado a acompanhar o evento.

O Burgão, metido a valentão e com a calça rasgada no traseiro, de cima de uma árvore, disparava para o pessoal do veículo: ah! se eu estivesse com minha espingarda a história seria outra!!

O Antoninho, na fuga, ficou com o pé atolado num monte de esterco de vaca até a canela. Sujou até o seu número de corredor afixado no peito.

O Simplício quase pisou numa cascavel na mata e por pouco não foi picado. Apareceu branco como cera momentos depois e mancando.

Mantendo o foco na corrida, meu pai a terminou em quinto lugar e bem longe daquele animal defensor das crias.

Um milagre bem-humorado

Noite clara de uma quinta-feira de outubro de 1954.

A construção da usina ia a todo vapor. Trabalhava-se dia e noite.

Um dos empreendimentos mais fenomenais foi a construção de um longo túnel para a mudança do leito do Rio Grande, em uma das margens do rio.

Desviadas, suas águas passariam pela lateral, por dentro do túnel, e assim, o leito do rio original estaria livre para início da execução da monumental represa de concreto.

Caminhões GMC utilizados como plataforma móvel para execução de trabalhos no teto do túnel. (Foto cedida gentilmente por Furnas)

Pois bem, como eu disse, trabalhava-se dia e noite para seguir o cronograma da construção.

Duas horas da manhã, dentro do úmido e iluminado túnel, com altura de 12 metros, escavadeiras jogavam as pedras removidas das encostas em cima de caminhões que aguardavam em fila.

Como estava demorando o carregamento, um operador cochilava encostado ao volante de seu veículo, no meio de barulho, poeira e umidade infernais.

Tudo ia muito bem, quando de repente desprendeu-se do teto uma pedra de cerca de duas toneladas e estraçalhou a caçamba do caminhão do sonolento operador.

Com o tranco, ele foi jogado a 15 metros de distância. Acordou rapidinho, muito assustado e sem sofrer nenhum arranhão.

Milagres acontecem e, às vezes, de uma forma bem-humorada.

16

A lata de margarina e a encomenda

Dezembro de 1958. Seis horas da manhã de um dia de semana qualquer.

A van Chevrolet 1954, carroceria de madeira, tendo nas portas dianteiras o número de identificação A-13, estava estacionada na vila residencial dos americanos.

Ela aguardava, pacientemente, as esposas dos graúdos que iriam para Franca – distante cerca de 70 quilômetros da usina – para fazer as compras natalinas.

Pouco antes da partida, apareceu um funcionário com um pacote fechado. Era uma lata de margarina das grandes com algo dentro para levar para a referida cidade; ele sussurrou algo inaudível no ouvido do motorista.

O motorista queria colocar tal embrulho no porta-luvas. Mas para não correr o risco de esquecer tão importante entrega, deu o pacote para as senhoras do banco de trás segurar.

Assim, elas ficaram encarregadas de lembrá-lo quando chegasse ao destino.

Um trecho da estrada estava em manutenção, de forma que a condução teve de fazer um desvio lateral por um caminho de uma fazenda.

A certa altura, o motorista, devido à poeira, não viu e a perua caiu num buraco enorme. Todo mundo pulou dentro do carro e bateu a cabeça no teto.

A lata se abriu e espalhou seu conteúdo em todos: materiais fecais para entregar num laboratório da cidade.

Foi um fedor danado dentro da viatura.

17

Um susto daqueles

Enquanto arrumava nosso quarto, numa radiante manhã, minha mãe achou em minha cama um inseto indesejado e perigoso: um exemplar de bicho barbeiro.

Nós morávamos, como já disse em outros contos, na parte central de uma montanha, sendo que ao fundo das 10 casas de madeira era um enorme e íngreme morro. O ambiente era propício para insetos, cobras e outros tipos de animais selvagens.

Que correria danada! Ela chamou as vizinhas que também confirmaram: era o dito cujo.

Sugeriram à mamãe que colocasse o bichinho num vidro transparente.

Examinando meu corpo e o de minha irmã, mamãe não constatou sinais de picadas ou vermelhidão de qualquer espécie. Menos mal.

Enquanto isso, as vizinhas, apavoradas, reviraram suas respectivas casas, em busca do inseto.

Foi o buchicho do dia. Como consequência, a direção da obra mandou fazer uma dedetização geral no local.

Mas voltando ao assunto, imediatamente, papai arrumou condução e nos levaram para Franca, para exames. E o bichinho foi junto, num vidro.

Todos apreensivos.

Aguardamos no laboratório de Franca os exames e a avaliação do inseto coletado. Foi um dia movimentado e de grande espera.

Pelo que eu me lembro, dias depois, sem querer entrar em discussões científicas, mamãe foi informada de que a espécie em questão não transmitia a doença. E que nossos exames estavam todos em ordem.

18

Mr. Goodfield – o Tarzan[5]

Era o nome do chefe imediato de papai em Peixoto. Americano, grandalhão, tipo halterofilista, boa gente, mas super exigente com os trabalhos, como tem que ser.

Gostava de andar velozmente com a camionete Chevrolet de cor verde, ano 1953, com o código de identificação da CPFL "A 12" inscrito nas portas.

Sempre trajando camisa e calças cáqui. Presumo que a turma toda da gerência técnica da obra, de origem americana, havia servido no exército aliado, durante a Segunda Guerra Mundial.

Pois este era o uniforme de campanha usado no conflito. Aliás, tipo de vestimenta copiado por muitos funcionários, independentemente do cargo ocupado.

Quanto à comunicação verbal, apesar de existir um ou outro intérprete no local, a maioria era na base de sinais.

Um exemplo engraçado dessa deficiência no entendimento da linguagem ocorreu assim:

Inspecionados os trabalhos de manutenção de estradas próximas à construção e dirigindo a toda velocidade, não entendeu o apelo dra-

---

5 Baseada no livro "Usina de Peixoto", editado pelo Conselho Municipal do Patrimônio cultural de Ibiraci – 2006. Pág. 16.

mático de seu subordinado brasileiro que o acompanhava na boleia.

O que o subordinado queria dizer era que à frente havia um mata--burro quebrado. Não deu tempo. O veículo caiu de frente dentro daquele obstáculo, ficou avariado e foi para a oficina. Por sorte os ocupantes nada sofreram.

Havia também momentos de descontração envolvendo Mr. Goodfield.

Numa ocasião, parando o veículo por estar interrompida a estrada, pediu para seus auxiliares descerem e tirarem o enorme tronco que bloqueava o caminho. Ninguém conseguiu, mesmo estando em três. Imediatamente desceu do veículo e, com toda a força do mundo, tirou uma ponta do tronco jogando-a para o lado.

Foi o suficiente para ganhar o apelido de Tarzan.

Papai gostava muito dele. Quando Mr. Goodfield deixou Peixoto e voltou para os Estados Unidos, forneceu a meu pai uma carta de referência em inglês, recomendando-o para outras empresas, caso precisasse.

19

De volta a Peixoto

(depois de um ano em Santa Branca/SP)

Eu, no meio, e os ajudantes da mudança. Por volta de 1957. Mais à esquerda da foto: o saudoso Tio Juca e papai. Ao fundo, um exemplar de picape DESOTO, ano 1953.

Idos de 1957. Localizando os fatos:

500km é a distância entre a usina de Peixoto, situada no município de Ibiraci/MG e Santa Branca, próximo a São José dos Campos/SP.

A mudança em cima do caminhão GMC B-52 era de minha família e estava saindo de Santa Branca/SP para voltar a Peixoto, de onde tínhamos saído havia um ano.

Como assim?

Por causa de um desentendimento com outro encarregado em Peixoto, meu pai pediu demissão e tinha ido trabalhar na usina de Santa Branca/SP, obra tocada pela construtora brasileira Cavalcante & Junqueira.

Lá, com o tempo, foi promovido para "chapa azul", um bom nível na hierarquia, atrás apenas dos "chapas branca", diretores da obra.

Nossa casa era muito confortável e tinha um quintal em declive cheio de árvores, onde mamãe criava galinhas. Eu tinha uma destas aves de estimação, que se chamava Gatita, e Glaucia outra. Quando nasciam os pintinhos, ficávamos muito felizes.

Eu e meus familiares em nossa casa em Santa Branca/SP. 1957.

No fundo de nosso quintal, havia um riacho estreito e muito romântico.

Vários convites feitos pelo antigo chefe para ele voltar eram passados através do querido e calmo tio Juca.

Tio Juca, irmão de papai, tinha permanecido em Peixoto.

Papai aceitou a proposta de retorno e enquanto Nat King Cole cantava "Arrivederci Roma", nós estávamos também dando um adeus à Santa Branca e voltando para a querida Peixoto.

20

Vila espetacular de 10 casas

Quando voltamos para Peixoto, vindos da usina de Santa Branca/SP, fomos morar na casa de número 9, da privilegiada Vila dos Encarregados.

Como eu já descrevi em algum conto anterior, essa vila, encravada em uma montanha, tinha somente 10 casas e era relativamente próxima do local onde estava sendo construída a usina.

Que vista maravilhosa tínhamos!

De lá de cima, víamos todo o movimento que se dirigia à obra. Por exemplo: a frota de caminhões GMC para transporte de cimento seco que buscava tal material na cidade de Itaú de Minas, a 90 quilômetros de distância.

A Casa 10 era do Ramalho, do Escritório. A de número 9 era nossa, papai era o Encarregado de Máquinas Pesadas e Escavação; a casa 8 era do Sr. Tonicão, da Carpintaria; a 7 era de Tio Flávio, da Topografia. Ali moravam também o Hermenegildo, do Setor de Concretagem, O Sr. Antônio Português, da Cozinha Industrial entre outros.

À noite, víamos muitos vagalumes rodeando nossa varanda, o que era um espetáculo da natureza.

Ao longe observávamos o clarão da iluminação da obra e seu movimento frenético, embora a vila já estivesse mergulhada em profundo silêncio.

21

Os brinquedos da época – anos 50

Peixoto era perfeito sob a ótica de um garoto.

Latas de Leite Ninho cheias de terra e devidamente tampadas viravam um trenzinho puxado por um barbante.

Carrinhos de rolimã eram bem comuns entre a garotada, para andar na via asfaltada que era a estrada principal do acampamento.

Eu gostava tanto desses carrinhos, que papai mandou fazer um de madeira; cabiam duas crianças, com rodas grandes também de madeira, freios e direção.

Ficou chique mesmo. O Seu Braulino, carpinteiro, foi quem o fez.

Gostávamos também de ler os gibis do pato Donald e os de Duduca e Jambolão. Eles faziam as maiores travessuras na revista, e a gente queria imitá-los, com a condescendência de mamãe, que se divertia também.

O álbum de figurinha que eu adorava era o da Indústria Automobilística Brasileira, editado pela revista *O Cruzeiro*. Não via a hora que chegasse para pegar os pacotinhos que vinham com ela.

Os chocolates preferidos eram o Lingote, Diamante Negro e Sonho de Valsa, dados pelo Tio Padrinho, irmão de papai.

Eventualmente, quando os tios ou a mamãe nos davam um dinheirinho, corríamos ao Staff House (casa de hóspede, onde moravam os dirigentes solteiros) para comprar refrigerante.

Em resumo, era um tempo feliz e completo. Tínhamos tudo o que queríamos.

22

Hotel Marconi – Franca

Férias escolares de 1959.

Morar em Peixoto era perfeito, em termos de diversão, liberdade, entrosamento social etc. Mas, quando era necessário atendimento médico especializado, a solução era recorrer a Franca, a cerca de setenta quilômetros da usina.

Este foi o caso de minha irmã Glaucia, que tinha constantes dores de garganta. O médico diagnosticou que ela precisava extrair as amídalas.

Por isso eu, mamãe e minha irmã ficamos uns tempos no Hotel Marconi.

Ele tinha dois andares, 26 quartos, um corredor muito grande e um gradil de ferro na parte de cima. Acomodaram-nos num quarto grande e muito limpo, no andar superior.

Era desse gradil que eu e minha irmã acompanhávamos o movimento que acontecia no andar térreo e restaurante.

Sempre ficávamos de olho no relógio para sabermos se estava na hora das refeições.

O hotel tinha fama de ter um dos melhores restaurantes da cidade e era verdade mesmo. Que delícia de comida.

Com relação à minha irmã, durante esse tempo, novas consultas preliminares e exames laboratoriais estavam sendo realizados.

Meu pai ficou trabalhando e, no dia da cirurgia, veio cedinho para acompanhar tudo de perto.

No final da tarde, meus pais apareceram com ótimas notícias: minha irmã se recuperava bem e no dia seguinte viria para o Hotel para repousar.

Ela tinha de ingerir coisas frias e/ou geladas: sorvetes em abundância e marmelada amassada dentro de um copo de água gelada. Eu preferia o sorvete de ameixa (risos).

Para encerrar, uma curiosidade sobre o simpático hotel: segundo consta, o hino do time de futebol da Francana foi composto num dos quartos do Marconi, usando-se o piano de lá.

23

Oba! Nossa geladeira chegou

Enquanto nas eleições de 1958, em São Paulo, Cacareco era o vereador mais votado, nós recebíamos em casa nossa primeira geladeira.

Eu estava muito ocupado construindo uma piscina ao lado de casa, com material de construção que consegui de restos de uma reforma de um imóvel ao lado.

Planejei uma piscina enorme, mas construí mesmo foi um quadrado de um metro por um tijolo de altura. Busquei água e enchi o "grande" reservatório com um balde.

Eis que chegou um caminhão Chevrolet com um enorme pacote na carroceria.

O motorista perguntou se era da casa do Sr. Braga e, ante a nossa afirmativa, subiu à carroceria junto com um ajudante para descarregar a encomenda: nossa primeira geladeira.

Brastemp, modelo Príncipe, na cor branca, exatamente como a da foto acima. Naquela noite teríamos um golinho de cerveja gelada. E refrigerantes, também, para comemorar.

Observação: Cacareco não pôde tomar posse, pois não tinha um plano de governo. Afinal, ele era só um simpático hipopótamo do zoológico de São Paulo!!!

24

Tradições e fantasias da Infância

Fui para Peixoto com 5 anos incompletos e minha irmã com 3.

Tudo era novidade para nós e creio que foi lá que toda a graça da infância se aflorou. Por exemplo, lá conhecemos os filmes do Dumbo e do Bambi e seus respectivos álbuns de figurinha.

Tínhamos coleguinhas com quem brincávamos o dia inteiro.

Frequentávamos a casa de vovó Palmira, que fazia todos os nossos gostos e quitutes deliciosos.

Foi lá que aprendi a ler, com base nos jornais que mamãe usava para forrar o chão encerado e brilhante da sala, juntando sílabas e vogais.

Sobre datas religiosas, recordo-me da Sexta-Feira Santa. Nesse dia, não podia bater pregos, ouvir rádio, assobiar, brincar ou cantar. Tinha de jejuar até o meio dia e tomar a dose anual do purgante sal amargo.

Na Páscoa, orientados por mamãe, colocávamos os chinelinhos na janela, para que o coelhinho colocasse ali nossos ovos. Na noite anterior, nem dormíamos direito, na esperança de ver tal ente maravilhoso fazendo as entregas.

E o Natal? Bem, o Natal começava na verdade em junho. Sim, quando os vendedores de cestas de natal visitavam o pessoal da obra, oferecendo planos parcelados para adquirir belíssimas cestas que seriam entregues alguns dias antes das festas natalinas.

A nossa era da marca Amaral e, entre 7 modelos oferecidos, papai escolhia sempre o de número 5.

Assim, uma semana antes do Natal, um caminhão proveniente de Franca/SP, repleto de cestas, passava fazendo as entregas de casa em casa.

Que festa aquela! Não víamos a hora de abrir e ver as guloseimas que estavam ali dentro. Minha preferência era pelo torrone, que era delicioso. Mamãe nos contou que era um doce de origem espanhola.

Havia também a montagem da árvore de natal. Creio que esses eram os melhores momentos dessa época.

Para concluir, digo que Peixoto e a união de nossa pequena família foram fundamentais para formação e fortalecimento de nossos laços com o mundo mágico da infância.

25

O doce de leite e a Grapette

Caminhão GMC transportando cimento para a construção da Usina de Peixoto/MG. 1955-56. (Foto cedida gentilmente por Furnas)

As estradas de terra de acesso à usina, oriundas de várias cidades das cercanias (Cássia, Ibiraci, Delfinópolis, São Roque de Minas, Capitólio, Itaú de Minas, Claraval etc.), eram constantemente mantidas pelo Setor de Terraplanagem.

A manutenção dessas vias tinha por objetivo mantê-las transitáveis durante o ano todo, para permitir o fluxo de funcionários que moravam nessas cidades.

Por elas também passavam as mais diversas matérias-primas para essa enorme obra de engenharia, como o cimento.

Num dos sábados, fui com papai para percorrer e ver os trabalhos: conserto e reforço de pontes e mata-burros; retificação de trajetos e cascalhar pontos passíveis de atolamentos nos dias chuvosos.

Refiro-me aqui ao trecho Peixoto – Cássia – Itaú de Minas.

Essa estrada era tão importante para a barragem, que durante um tempo havia uma equipe no meio do percurso, com máquinas e operários alocados para sua conservação.

Lembro-me que tinha até um alojamento completo, com cozinha de campanha e refeitório. Ficava à sombra de enormes árvores nativas.

Foi ali que eu almocei com papai, numa mesa comprida e bancos de madeira, sob um longo encerado. Tudo bem rústico. Os cozinheiros contaram que os moradores, quando viram as máquinas pesadas chegarem, fugiram de suas casas sem olhar para trás, com medo.

Estórias à parte, almoçamos juntos como os operários. A sobremesa era imperdível: um maravilhoso doce de leite, iguaria que repeti duas ou três vezes e ainda levei um pouquinho para comer no caminho.

Seguindo nosso caminho, bem mais à frente, havia uma venda perdida na imensidão da estrada. Ali tomei uma Grapette, refrigerante de origem americana, com sabor de uva e framboesa, cujo jingle era "Quem bebe Grapette repete".

Nossa rotina à noitinha

No finalzinho da tarde, já sabíamos: era o horário dos banhos, trocando nossas roupas do dia por mudas impecavelmente limpas e cheirosas. Normalmente pijamas, feitos por mamãe ou vovó Palmira.

Às 18 horas, nos reuníamos à frente do rádio para ouvir a benção do Padre Donizete. Colocávamos um copo com água para ser abençoada e depois a tomávamos.

A partir daí, ficávamos na varanda da frente vendo o movimento da vila e o anoitecer, conversando com os amiguinhos das outras casas. Após o banho raramente saíamos de casa, para não sujar a roupa.

Exceto quando éramos convidados para uma festinha de aniversário ou ir ao cinema com nossos pais.

O ronco dos motores de vários caminhões GMC subindo a íngreme rampa de acesso à vila anunciava o fim do expediente diurno da obra.

Eu deveria, então, buscar os chinelos de papai assim que ele chegasse do trabalho, por volta das dezoito e trinta.

Depois disso, aguardávamos que ele abrisse a cerveja Antárctica Faixa Azul. Pedíamos um golinho para tomar com a janta. Papai, pacientemente e com sabedoria, colocava um pouquinho para cada um. Às vezes mamãe abria uma cerveja preta, que adorávamos, pois era doce.

Detalhe: as cervejas eram acondicionadas dentro de sacos de 60 quilos e eram embaladas, uma a uma, com um tipo de cobertura de palha.

Beliscávamos também o queijo parmesão, que todos comiam com prazer e que eu sempre guardava um pedacinho para o jantar. Era o momento de relax de toda a família.

Os trabalhos da noite eram divididos. Mamãe fazia a janta e lavava a louça; após o jantar, papai escolhia o feijão. Eu e Glaucia ajudávamos a secar e guardar a louça.

O repórter ESSO, transmitido cinco minutos antes de "A voz do Brasil", trazia as últimas notícias do Brasil e do mundo, na voz inconfundível de Eron Domingues.

Após mais um tempo de conversas ou de ouvir discos na rádio

vitrola, papai ia dar corda no relógio de parede – Cuco, o que prenunciava fim do relax e hora de ir dormir. A vila, a essa hora, já estava em completo silêncio.

Éramos felizes e sabíamos disso.

27

Uma reunião com os vizinhos, para fazer goiabada cascão

Era uma tarde chuvosa aquela. Meu pai tinha ganhado um saco de 60 quilos de goiabas maduras fresquinhas.

E acabava de descarregá-lo da carroceria do caminhão, com a ajuda de nosso vizinho.

A ideia era fazer goiabada cascão pura e legítima.

No início, até nós, as crianças, fomos engajados no projeto. O nosso trabalho era, após lavadas, secar as frutas.

Para fazer o doce era preciso um tacho de cobre, pás de madeiras, capas plásticas de chuva e óculos para evitar respingos da massa.

Além disso, muita disposição para mexer o doce que espirrava pra todo lado.

Logo os vizinhos homens trouxeram os citados utensílios e a brincadeira começou. O local escolhido foi a varanda do fundo de nossa casa e um fogão rústico de tijolos foi preparado.

As mulheres ficavâm conversando, cortando as frutas e só queriam ver como terminaria aquela sujeirada toda.

Tudo pronto, começou o cozimento.

Uma gota fervente do produto espirrou na minha perna e, para mim, acabou a brincadeira. Fui chorando para dentro de casa.

Os adultos avisavam as crianças para ficar longe, mas qual o quê, achávamos que íamos comer logo aquela delícia avermelhada.

As horas foram passando e nada do doce. As vizinhas foram embora e só os homens ficaram mexendo o preparado naquele tacho.

Altas horas da noite, todos cansados e, finalmente, o doce ficou pronto. Os braços dos doceiros de plantão estavam doendo e as mãos cheias de calos.

A varanda tinha respingos no chão, nas paredes e até no teto, o que deu um trabalhão para limpar no dia seguinte.

Mas valeu pela reunião, palpites e brincadeiras... e ficou uma delícia.

Sobremesa garantida a ser servida com queijo fresco ou chantilly, do sítio do Sr. Benedito.

28

A construção do muro de proteção

Caminhões GMC e escavadeira trabalhando na construção do muro de proteção – 1959. (Foto cedida gentilmente por Furnas)

Começo de 1959.

Muita gente já havia partido, com o fim da construção da usina.

Correr o trecho, como diziam, o que queria dizer ir para outras obras que estavam começando ou em andamento, ou mesmo para a construção de Brasília.

Nesse período de clima de "fim de festa" foi necessário fazer uma obra complementar.

O superintendente, pressentindo que a margem esquerda do rio próxima à casa de força poderia, com o tempo, desbarrancar e causar danos às fundações da usina, resolveu construir no local um longo muro de proteção, de concreto maciço.

Ficamos muito felizes, pois isso queria dizer que ficaríamos mais um tempo ali.

Muro de Proteção - 1959.

Começou então a mega operação mecânica de transformar caminhões de carroceria em basculantes. Reformar escavadeiras, reativar o britador e outros equipamentos auxiliares.

A oficina trabalhava em ritmo frenético para deixar aqueles veículos e demais equipamentos em condições de uso novamente.

Enquanto a construção do referido muro ia de vento em popa, nós fomos fazer um inusitado passeio.

Em um domingo maravilhoso, papai foi convidado para um passeio de lancha, que era de propriedade da usina. Tinha até uma cobertura para nos proteger do sol. Chique mesmo.

Que viagem fantástica naquela imensidão de águas a perder de vista! Olhando para trás, um rastro de espuma feito pelo potente motor do barco. As margens apresentavam raras folhagens e árvores grandiosas que passavam rapidamente pelas nossas vistas. Foram 40 minutos de pura emoção.

Haveria um churrasco numa cidade próxima, e nós iríamos de lancha e voltaríamos na camionete verde Chevrolet com o código de patrimônio "A 20" estampado nas portas.

Passeio noturno

Durante a construção da barragem de Peixoto, era comum acompanharmos papai em suas visitas de inspeção aos trabalhos de terraplanagem do turno noturno.

Eu explico: ele era o responsável tanto pelo turno do dia quanto pelo da noite.

De vez em quando, nos convidava para acompanhá-lo, o que era uma alegria para nós. Mamãe também ia.

O canteiro de obras – distante uns 8 quilômetros de nossa casa – à noite era todo iluminado, parecia um dia, e o movimento daquelas máquinas enormes de terraplanagem era frenético. E elas passavam bem perto da gente.

Naquela noite seria cansativo. Um enorme caminhão carregado de pedras havia perdido o freio numa descida e tombado.

Tournarock (caminhão fora de estrada) similar aos existentes em Peixoto na época (1953 a 1959).

O operador, logo que percebeu a falha, pulou do veículo em movimento. Apenas feriu um dos braços ao saltar e estava em estado de choque. Por pura sorte não atingiu qualquer outra máquina ou pessoa em sua desenfreada descida.

Todo o trabalho de desvirar o colossal veículo e a atenção ao operador ferido e assustado consumiu um bom tempo.

Então, um funcionário chegou à porta da perua e disse: "O seu Braga pediu para levar vocês para casa, ele vai demorar. Só que vamos ter de trocar de veículo. Este aqui vai levar agora o operador ferido para Franca".

A perua era a única no acampamento e, volta e meia, fazia as vezes de ambulância.

E lá fomos nós meio que dormindo para casa, na cabine desajeitada de um caminhão, em mais uma aventura noturna de nossas vidas infantis.

30

Um típico domingo

O inconfundível programa, ao vivo, de Paulo Gracindo, levado ao ar pela Rádio Nacional do Rio de Janeiro, não deixava dúvidas: era domingo.

Mamãe não perdia esse programa por nada. Antes mesmo das 10 horas ela já ligava o rádio e pronto: lá estávamos nós ouvindo os cantores da época: Emilinha Borba, Marlene, Nelson Gonçalves, Dircinha Batista, Orlando Silva, Orlando Dias etc.

Enquanto ela preparava o almoço, era música para todo lado, além das cantorias dela, acompanhando os cantores. Mamãe cantava muito bem, diziam os vizinhos.

O Almoço padrão era macarrão com molho ou risoto, frango assado recheado e maionese feita em casa, com pedaços de beterraba. As sobremesas eram: pavê de amendoim feito em casa ou um doce de lata da CICA chamado 4 em 1 com os seguintes sabores: pessegada, goiabada, marmelada e figada. Para nós, domingo era dia de doces, piscina e refrigerantes. Coca-Cola, guaraná ou soda limonada, que nós furávamos a tampinha com um prego novo e por ali tomávamos o delicioso líquido.

Após o almoço, papai ia tirar uma soneca. Nós aguardávamos ansiosamente passar duas horas, para ir à piscina do Sr. Benedito. Esse local ficava a uns 10 quilômetros de casa, em direção à cidade de Ibiraci, próximo a um parque e hotel chamados Piçarra.

Toda hora perguntávamos: "Mãe, já passou duas horas?". Se ela falasse que sim, já queríamos acordar papai.

Pegávamos então nossa boia de câmara de ar e subíamos na carroceria do enorme caminhão GMC, com o código de identificação "B-4" estampado nas portas.

Papai ligava o majestoso veículo e lá íamos nós para a maravilhosa e movimentada piscina de água corrente.

Foi nessa piscina que, em um desses domingos, minha irmã Glaucia caiu na água e estava se afogando. Papai percebeu, pulou na água com roupa e tudo e a tirou de lá.

Fim do passeio: minha irmã chorando, papai todo molhado e eu emburrado por ir embora mais cedo para casa.

O frango à caçador do Sr. Carmona[6]

Nas manhãs de domingo, o Sr. Carmona saía para caçar nas maravilhosas matas no entorno da vila residencial.

Ele fazia questão da pose de caçador. Parecia que ia à África. Usava calça e camisa bege e chapéu de shantung bege também.

Levava um embornal com um frango à caçador delicioso, preparado por sua esposa, sua garrucha, munição e vontade de atirar em qualquer bicho que cruzasse a sua frente.

---

6 O nome utilizado no conto é fictício.

O Sr. Carmona não enxergava muito bem, mas fazia um estardalhaço: era tiro para tudo que é canto. A passarada voava de tanto medo e a bicharada corria assustada.

Era tanto tiro, que imaginávamos que ia trazer uma onça, um javali ou algo assim.

Na hora do almoço, um silêncio revelador. O Sr. Carmona sentava num tronco na mata e ali devorava o delicioso frango: pedaços de frango caipira cozidos, embebidos no caldo da ave e passados na farinha de mandioca.

À tarde, quando voltava, trazia o produto da caça: uma ou duas pombinhas e a roupa toda suja de terra quando não rasgada, o embornal vazio e a cara bem fechada. Chegava de mansinho para não dar na vista.

E a garrucha com a língua de fora de tanto disparo.

32

A escola e o cinema de Peixoto

Nos dias de semana, acordávamos bem cedinho. E lá íamos nós para a escola, com nossa lancheira recheada de pães ou bolos, atravessando a ponte a seguir.

Ponte de acesso à Vila dos Encarregados e à escola. A Foto refere-se à construção de ponte definitiva em concreto – 1959. (Foto cedida gentilmente por Furnas)

Dona Lurdinha nos aguardava na porta e entrávamos juntos e em fila para mais um dia de aulas. Cantávamos o Hino Nacional e as aulas eram então iniciadas.

No recreio, correrias e pouco tempo para devorar o lanche delicioso: pão com manteiga e canela ou um pedaço generoso de pão de barão (delicioso bolo coberto com fatias de bananas, açúcar e canela, feito em casa por mamãe).

O salão da escola era dividido ao meio com tapumes. De um lado, ficava o primeiro ano e, do outro, o segundo ano.

Tirando-se os tapumes da sala, a noite a escola virava cinema (terças, quintas, sábados e domingos) ou mesmo igreja, onde era celebrada missa em datas comemorativas.

Eventualmente transformava-se em palco para teatro, como naquela vez do show de Bibi Ferreira e seu pai, Procópio Ferreira.

Ou para apresentação dos alunos em datas festivas: dia dos pais, dia das mães etc.

Por falar em dia das mães, o presente anual era sempre o mesmo: uma jarra elétrica de louça chamada ebulidor – apetrecho usado para ferver água. Papai nos dava o dinheiro e comprávamos na venda.

Quando víamos, afixados em grandes quadros na porta da escola, propaganda de filmes interessantes, avisávamos nossos pais e lá íamos com eles assisti-los à noite.

Os bancos do cinema eram as nossas próprias carteiras escolares.

A bola da vez daquela semana era o filme "SAVAGE", de índios e mocinhos. Falei tanto em casa, que não teve jeito: fomos todos assistir.

Passei a semana inteira pensando na referida fita.

Mas, nas primeiras cenas, vi um índio todo pintado para a guerra e berrando com uma machadinha nas mãos. Fechei os olhos com medo e procurei não ver mais nada. Acabou a graça.

Os bombons "Garoto"

Papai, como bom capixaba, sempre falava que os melhores bombons do mundo eram da Garoto. Eram feitos por uma família alemã, em Vila Velha, no Estado do Espírito Santo. Desde crianças ouvíamos isso.

Por coincidência, aí pelos idos de 1956, trabalhava na obra um tratorista que era capixaba como ele. Papai era de Afonso Cláudio e ele era de Vila Velha.

Nas férias, foi para sua terra visitar os parentes.

Como eram muito amigos, papai então encomendou várias caixas da deliciosa guloseima.

Encomenda que o conterrâneo atendeu de bom grado e com muita satisfação.

Nós estávamos ansiosos por degustar aquela maravilha de que papai tanto falava.

Finalmente os bombons chegaram e fomos à noite buscá-los na casa do referido funcionário.

Foi uma festa danada. O assunto da noite para os adultos era como estavam as coisas na terra natal tão distante das Minas Gerais.

Na volta para nossa casa, que ficava em outra vila residencial do acampamento, uma surpresa.

Naquela estrada pouco iluminada que margeava um riacho chamado "Tocaia", de repente, o veículo deu um salto. O pacote que estava em minhas mãos caiu no assoalho e eu meio que dormindo fiquei assustado.

Papai deu ré para saber o que era aquilo. Parecia ser um tronco. Mas um tronco que se movia? Somente de perto viu-se que se tratava de uma enorme cobra que estava, àquelas horas da noite, atravessando o caminho em direção à montanha lateral.

O mais impressionante é que ela, mesmo com o peso do veículo, continuou seu trajeto e sumiu na vegetação.

E quanto aos bombons? Ah! Eles estavam deliciosos.

34

Nós e o queijo gorgonzola

1960.

O Sr. Júlio Monetta, um senhor alegre que dirigia orgulhosamente a caminhonete chevrolet, ano 1955 (similar à da foto), com o código de identificação "A 21" estampado nas portas, era amigo de papai.

Aliás, a pintura dos veículos tinha agora uma nova roupagem. Verde claro e teto branco. E a A 21 foi a precursora dessa nova imagem da Companhia, digamos assim.

Nossa casa na Vila dos Americanos era bem próxima do Staff House, cerca de 800 metros de distância, onde tal senhor residia.

Staff House.

Embora fosse uma casa de madeira, era extremamente confortável, muito espaçosa, com banheira, aquecedor elétrico e demais itens de conforto.

Voltando ao assunto, naquela tardezinha fomos visitá-lo.

Caminhamos por aquelas ruas arborizadas ao som do canto dos pássaros. Eu e minha irmã corríamos à frente, disputando andar na bicicleta Garick, de cor vermelha.

O Sr. Júlio gostava de queijo gorgonzola. Aquele que, no processo de maturação, são injetados fungos, que fazem com que ele tenha veias verde azuladas e que lhe dão um sabor especial.

Sempre sorridente, ele nos ofereceu um pedaço, mas ficamos impressionados, vendo uns bichinhos no queijo e não aceitamos.

Preferimos uma Coca-Cola, daquelas pequenininhas.

O Sr. Monetta iria ficar na operação da usina, ou seja, a fase em que o empreendimento passaria a faturar com a venda de eletricidade.

A partir daqueles dias restaria um quadro reduzido de funcionários.

Finda a visita, retornamos para casa. A noite estava linda com as primeiras estrelas dando o ar da graça e nós caminhando por aquelas ruas silenciosas e magistrais por natureza.

O gramado, bem aparado, era de perder de vista. As guias das sarjetas eram pintadas de branco e as árvores magníficas com o tronco pintado, à margem das vias asfaltadas, compunham aquela paisagem. Um verdadeiro paraíso que ficaria, em breve, para trás.

35
A despedida definitiva de Peixoto

Janeiro de 1960.

Mamãe, diligentemente, preparava um delicioso pão de barão (bolo coberto com fatias de banana, açúcar e canela); eu e minha irmã Glaucia disputávamos quem ia lamber a tigela.

Ele seria nosso lanche para a viagem do dia seguinte.

Isto porque o trabalho de papai na usina de Peixoto estava concluído e as máquinas pesadas já haviam seguido para a usina de Furnas, local do novo serviço na especialidade dele, que era terraplanagem.

Nossa mudança para lá foi curiosa: só levamos nossos pertences pessoais, pois a casa era toda mobiliada.

Na véspera de nossa partida, mamãe queria saber com que roupas nós iríamos, para que ela as deixasse de fora das duas grandes malas cinzas de madeira.

Assim, antes de irmos em definitivo, mamãe teve que se desfazer de tudo e só levamos as duas malas caprichosamente feitas ainda em Peixoto.

Papai avisou que só iria de Tweed – uma espécie de paletó esporte, na cor cinza mesclado com preto.

Logo começamos a brincar que ele só iria de tweed e sem mais nada, o que foi assunto para muitas brincadeiras durante a tarde toda. Rimos muito dessa forma de falar de papai. À noitinha, quando ele chegou, ainda estávamos brincando. Ele não entendeu nada (risos).

O dia da partida chegou. Era uma bela manhã de sol aquela.

O motorista que nos levaria até o novo destino perguntou se podíamos ir. Segundo ele, tínhamos cerca de 130 quilômetros para percorrer até Furnas. Ante nossa afirmativa, a possante perua começou a se movimentar.

Olhei para trás e vi a casa onde fomos muito felizes ficar cada vez menor na distância até desaparecer por completo (refiro-me à casa de madeira atrás de mim e de meus familiares, na foto).

Vila dos Americanos, eu e meus familiares. Estou à esquerda da foto. 1959.

Não iríamos mais:

- Andar de bicicleta naquelas ruas amplas e tranquilas, caprichosamente asfaltadas ou ler gibis sob frondosas árvores.

- Nadar na piscina do sítio do Sr. Benedito aos domingos e feriados.

- Frequentar a escola de Dona Lurdinha.

- Correr atrás de borboletas ou de vagalumes à noitinha.

- Acompanhar papai para verificar o andamento do serviço no turno da noite.

- Comprar Coca-Cola na casa de hóspedes (Staff-house).

Eu não iria mais escalar aquelas altas montanhas sozinho e de lá de cima acenar para mamãe e Glaucia.

Vista parcial da Vila dos Americanos. Peixoto/MG.

Isso já era passado e eu, um garoto, não sabia.

FURNAS

36
Retratos preliminares de Furnas

Foto aérea de parte do canteiro de obras – Furnas 1958. (Foto cedida gentilmente por Furnas)

Máquinas pesadas trabalhando na construção da barragem. Esta foi feita basicamente de camadas de pedras britadas entremeadas com camadas de argila compactada. (Foto cedida por Furnas)

Foto parcial do canteiro de obras de Furnas - 1958. (Foto cedida gentilmente por Furnas)

A mudança para Furnas, Central Hidrelétrica três vezes maior do que a de Peixoto, mostrava que o presidente Juscelino não estava para brincadeira. Seu lema de crescer 50 anos em 5 estava em plena ação.

Usina Hidrelétrica de Furnas, 2019.

A casa que recebemos era mobiliada. Ela tinha fogão elétrico, faqueiros, camas, colchões etc. (made in Brazil).

A mão de obra continuava a ser brasileira da gema; as máquinas pesadas, importadas e americanas.

Os veículos leves e médios já eram brasileiros, com componentes importados (Lembra-se do Ford brasileiro? Um motor V8 e três marchas. E do Jeep com câmbio universal? Muita gente aprendeu a dirigir nele, inclusive eu). Lá estavam também os primeiros caminhões e ônibus Mercedes Benz e os famosos FNM, brasileiros.

Engenheiros e diretores da obra eram ingleses. Moravam em uma vila especial, separada da nossa, com cinema e escola exclusivos.

Para as crianças não havia barreiras e, com todas as deficiências da linguagem, nos dávamos muito bem usando sinais e sorrisos.

Em 1963, fomos embora para São Paulo, pois Furnas estava pronta e em operação (Ufa!!! Mais uma hidrelétrica pronta!).

37

Uma vida diferente para nós

O acampamento de Furnas era tipo uma cidade aberta em comparação à vila de Peixoto, e nós estranhávamos um pouco.

Mal sabíamos que tal vivência era um treino para nossa vida futura, em São Paulo. Esse preparo só a Deus pertencia.

Fomos morar numa simpática casa na rua Campo Belo, 258, próximo à Igreja, ao armazém e à sorveteria.

Aliás, as ruas têm o nome de cidades da região do sul de Minas Gerais, um verdadeiro charme.

O funcionário, ao fazer a entrega das chaves, apresentou uma lista enorme dos móveis e utensílios contidos no imóvel. Mamãe teve que conferir e assinar como responsável. Tudo tinha de ser devolvido no dia em que nos mudássemos.

Papai foi contratado por uma empresa terceirizada de Furnas chamada Nacional e passou a trabalhar quinze dias no turno do dia e quinze dias à noite.

Sua condução era um jipe cinza de teto rígido, com o código de frota 8 22 034 estampado em sua traseira e com enormes emblemas do logo de Furnas nas portas.

Quando o trabalho era no turno da noite, ele chegava em casa por volta das 5 horas da manhã. Nunca o vimos reclamar do horário, do trabalho ou da condução, que na verdade era bem velhinha.

Ele dizia que estava tudo bem e contava que o chefe imediato dele era um inglês boa praça.

Voltando ao cotidiano, você já fez compras para sua mãe usando caderneta?

Pois bem, assim era em Furnas, no armazém Muradás. A cada compra, levávamos uma listinha e eles, ao atenderem o pedido, anotavam tudo naquele mini caderno.

No fim do mês, mamãe ia acertar as contas, com base nos pedidos do período e na caderneta, que era então trocada por uma nova, em branco.

O cinema ficava ao lado da escola e era uma graça. Até hoje me lembro da música que prenunciava o início do filme, enquanto as luzes iam se apagando suavemente: Theme from a Summer Place, com a orquestra de Percy Faith. Já ouviu?

38

Aspirante a coroinha

Tio Flávio adorava as coisas da igreja. Ele cantava no coro regularmente e entoava o hino "louvando a Maria", a todos os pulmões. Muita gente olhava pra cima em direção ao coro para saber quem era aquele cantor entusiasmado.

Na família era considerado o tio carola.

Meus primos, pela influência do pai, eram coroinhas e fizeram minha cabeça para sê-lo também. Decorei toda a missa em latim e sabia responder muito bem "o dominus vobiscum", que o celebrante citava, de tempos em tempos, durante a cerimônia.

Ninguém entendia nada de latim, mas saía todo mundo feliz.

Padre Cássio era o tipo de galã hollywoodiano e andava de lá pra cá com seu charmoso jipe cinza escuro, de capota de aço, novinho em folha e que, curiosamente, não tinha a logomarca e a marcação padrão de Furnas nas portas.

O vinho do padre era um capítulo à parte. Sempre dávamos uma bicadinha sem ninguém ver. Aliás, foi por isso que eu me tornei coroinha. Pelo vinho do padre.

Eu também era o responsável por bater o sino e pela coleta durante as celebrações.

Aos domingos, o embornal roxo vinha recheado de cruzeiros, pois muitos ingleses que trabalhavam na construção também assistiam à missa e faziam gordas doações.

Depois da celebração, eu e os demais coroinhas íamos à sorveteria Muradás tomar um delicioso sorvete de duas bolas. Que delícia!

Brincadeiras à tarde

Após fazer as tarefas da escola, que por sinal eram muitas, sobrava tempo para brincarmos com nossos amiguinhos.

Uma de nossas brincadeiras favoritas era a construção de estradinhas de cimento para os nossos carrinhos de plástico, no quintal de nossas casas. Uma verdadeira higiene mental.

Normalmente íamos ver a programação na porta do cinema.

À noite podíamos ir assistir a filmes, desde que fossem liberados para nossa idade.

Logo na entrada tinha uma bomboniere onde comprávamos chicletes, dropes ou outros doces. E o filme era de graça!

Às vezes não era possível brincar porque participávamos de cerimônias especiais na igreja, como semana santa, páscoa, primeira comunhão etc.

Assim, em algumas tardes ou noites, eu tinha de ir à Igreja para treinar, junto com outros coroinhas e o padre, a sequência desses rituais especiais.

Padre Cássio queria que tudo saísse perfeito e sempre elogiava o nosso trabalho para nossos pais. Ele era calmo e boa praça.

Voltando a falar de brincadeiras às tardes, brincar com o Lulu, nosso belo cãozinho branco, também era uma diversão.

Ele era muito mimado por todos em casa e tinha escolhido minha irmã Glaucia como sua protetora.

Lulu tinha uma moradia especial: o banheiro da área de serviço da casa, na rua Monte Belo. Lá ele ficava em paz.

D. Nair, minha mãe; Glaucia, minha irmã com o Lulu; o autor - 1960.

Às sextas-feiras à tarde, era período de muito trabalho. Ajudar mamãe a fazer toda a faxina de casa. Era um tal de passar o escovão com palha de aço pra lá e pra cá.

Lulu achava que era brincadeira e corria para morder aquele tipo de vassoura, como se estivéssemos brincando com ele.

E se fosse passar o pano no chão, lá ia ele correndo atrás. Era só risadas. O bichinho não se cansava.

Passar o escovão era o meu trabalho. Eu o fazia de bom grado, pois sabia que depois viria a recompensa: 2 cruzeiros, dados por mamãe, para comprar sorvetes que eu dividia com minha irmã.

Era pura alegria.

Foi em Furnas que conheci o Dagoberto, amigo até hoje e que tive a honra de contar com suas palavras no Prefácio deste livro. Imagine você! Reencontrar o amigo de infância, através das redes sociais, muitos anos depois, é realmente um fato a se comemorar.

40

A escola e os ingleses

Escola de Furnas, inaugurada em abril de 1959. Nota: À esquerda do mesmo prédio ficava a escola dos ingleses. (Foto cedida gentilmente por Furnas)

Às sete horas íamos para a escola, usando nosso uniforme cáqui. O prédio era compartilhado com o colégio das crianças inglesas. Havia uma cerca de madeira de mais ou menos um metro e meio nos separando e, apesar disso, sempre tentávamos conversar com os inglesinhos.

O motivo era aprender palavras e trocar brinquedos ou comprar miniaturas da Matchbox de carros, caminhões e tratores da coleção da época (1960).

Essas miniaturas, como o nome diz, eram do tamanho de uma caixa de fósforos.

inauguração da escola de Furnas em 1959. À esquerda do prédio: escola para brasileiros; à direita: escola para os ingleses. (Foto cedida gentilmente por Furnas)

Uma vez, com o dinheiro dado por mamãe, consegui comprar um trator de esteira amarelo, lindo de morrer e que era meu xodó.

Como eles iam todo ano para a Inglaterra, em suas férias anuais, traziam tais brinquedos de monte.

O casal de professores ingleses era muito simpático e procurava sempre conversar com nossas professoras, através da cerca.

A vila residencial dos ingleses também era separada das demais, e só entrava quem fosse convidado.

Nesse local tinha cinema e clube muito chiques. As casas eram enormes, verdadeiras mansões, e tinham telas mosqueteiras nas portas, janelas e varandas.

Finalizando, em 2019, eu tive a honra de fazer uma palestra para os alunos do curso de Eletrotécnica de Furnas, na mesma escola onde estudei quando criança.

Um privilégio e muita emoção que a vida me proporcionou!

41

Mr. Smith – um lorde em nossa infância

Em 1960, Mr. Marane, um simpático americano, superintendente da usina hidrelétrica de Peixoto, convidou meu pai para ir trabalhar junto com ele em Furnas junto com ele.

(Comentei em conto anterior como foi a nossa mudança, já que, em Furnas, a casa que iríamos ocupar era totalmente mobiliada.)

Lá fomos nós para a construção daquela que era, na época, a maior usina da América Latina (três vezes a potência instalada de Peixoto).

Em Furnas, o superior imediato de meu pai era um inglês alto e magro, cujas feições e educação lembravam muito as do rei George VI, da Inglaterra.

Sabedor das qualidades de meu pai, através de Mr. Marane, Mr. Smith logo se afeiçoou a ele.

Com o tempo, Mr. Smith passou a ir a minha casa ao final das tardes. Ele gostava dos doces e quitutes que minha mãe cuidadosamente preparava para essas ocasiões: torta de coco e abacaxi, frango recheado com farofa, além do delicioso pavê de amendoim.

Assim que víamos a perua cinza, Ford F- 100 com o logo de Furnas nas portas dianteiras, estacionar, sabíamos que teríamos doces e refrigerantes.

A esposa de Mr. Smith – uma clássica e educada inglesa – também o acompanhava, de forma que a reunião era um bom piquenique, mesmo com as dificuldades de comunicação da linguagem.

Mr. Smith tinha o título de engenheiro de minas pela Universidade de Cambridge, na Inglaterra, e agora o segredo: ele era um lorde inglês legítimo.

Quando a obra de Furnas também caminhava para seu final, ele convidou meu pai para ir ser o chefe geral de terraplanagem numa mina no Peru, podendo levar toda a sua equipe de operadores, mecânicos e supervisores.

Papai não aceitou, mesmo sabendo que haveria escola para nós e uma belíssima casa nos aguardando, na vila residencial da mina.

Mr. Smith fez, então, uma carta de apresentação em inglês com as melhores recomendações sobre meu pai. Carta que papai exibia com orgulho.

No dia de sua partida, Mr. Smith e esposa fizeram questão de ir se despedir de nós. O lorde seguia seu caminho.

Férias de julho de 1960

Estava frio naquela noite de fins de junho, na cidade de Passos/MG.

Acabávamos de chegar à cidade, distante cerca de 30 quilômetros da Central Elétrica de Furnas, onde morávamos e papai trabalhava.

Íamos pegar o ônibus para Ribeirão Preto que sairia às 22 horas em ponto.

Nosso destino: fazenda de tio Chico, em Penápolis, alta noroeste paulista, no bairro Araponga, visitar tios do lado materno.

Mas teríamos ainda um longo caminho pela frente...

Com certeza visitaríamos também vovô João e vovó Maria, na fazenda do Sr. Homero (um homem bravo e carrancudo), da qual vovô era o administrador.

O ônibus Mercedes Benz do Expresso Aliança, de Passos, já estava parado na plataforma da rodoviária. Era novinho em folha. A plataforma ficava num pequeno declive, terminando numa rua que, em frente, ficava um hotel.

Enquanto colocávamos as malas no bagageiro do ônibus, com a ajuda do motorista, papai comprava as passagens.

Depois ele se juntou a nós, localizou nossos assentos e nos entregou um pacote de lanches para a viagem: pão doce de padaria, cigarrinhos de chocolate da Pan, chocolates Lingote e Ki bamba, caçulinha (mini refrigerante Guaraná) e gibis do Pato Donald, do Duduca e Jambolão.

Ele estava com uma bela capa bege, no melhor estilo hollywoodiano, e seu inseparável chapéu shantung. Assim que partíssemos, ele voltaria para Furnas. Fora apenas nos levar até lá.

Nossos assentos ficavam no meio do ônibus.

Estávamos conversando, eu, papai, mamãe e Glaucia, ajeitando as coisas enquanto outros passageiros também localizavam seus lugares.

Nisso, eu percebi algo estranho pela janela... O ônibus estava andando sozinho ladeira abaixo e ganhando velocidade. Ninguém havia percebido. Hesitei por um segundo se avisaria papai ou não... e depois decidi:

"Pai, o ônibus está andando sozinho", gritei.

De um salto ele alcançou o banco do condutor e conseguiu parar o veículo. Logo apareceu o motorista, branco como cera e assustado.

Ficamos orgulhosos da agilidade e competência de papai, que foi aplaudido pelos passageiros.

A epopeia para Penápolis e Araponga estava apenas começando...

Um sonho que virou um conto

Um dia, em Furnas, quando eu estava dirigindo pela primeira vez um jipe de câmbio universal, sem querer passei por cima de uma formiga.

Eu não a vi, mas o veículo cinza deu um salto, pois tal inseto estava carregando uma cobra gigante em suas costas (acho que era uma jiboia).

Acelerei e fiquei assustado, mas aí meu pai fez sinal para eu parar de brincar com o jipe código 8 022 034.

Voltei para casa na rua Campo Belo 258, dirigindo com a cabeça para fora para me certificar de que não passaria por cima de mais ninguém.

Eu havia esquecido os óculos, mas quando dei por mim, o jipe estava na varanda com o bico apontado para a sala.

A cara do jipinho ficou inchada da batida, mas eu saí de fininho como se nada tivesse acontecido.

Esse jipe era danado e muito conhecido. O padre mandou falar para meu pai tomar cuidado, pois as pessoas não iam mais à missa por causa do perigo que ele era.

A polícia foi avisada e me cercou na sorveteria. Levaram meu jipe, mas fiz uma birra danada, de forma que o padre mandou soltar o veículo, desde que eu me tornasse coroinha das missas de domingo.

Ele mandou chamar meu pai, que me bateu de chinelo, pois eu estava passando dos limites com aquele jipe asqueroso.

A seguir, tirou suas rodas e o deixou pendurado numa árvore gigante...

Acordei assustado!!!! Foi um sonho ou pesadelo?

Colégio Champagnat

Furnas, 1961.

Num lindo dia de sábado de outubro, fomos a Franca, distante uns cem quilômetros da usina de Furnas. O fato de estarmos todos juntos, inclusive com papai, nos animava.

Digo isso porque ele costumava trabalhar aos sábados e domingos, até ao meio-dia.

No fundo posso dizer que eu especialmente estava ansioso, pois aquela viagem ia decidir o meu futuro estudantil. Deixar minha casa e minha família para fazer o ginásio fora. Sozinho.

Assim, o motivo especial da viagem era visitar o colégio Champagnat, onde, se todos nós aprovássemos, eu provavelmente passaria a estudar, como aluno interno, já no próximo ano escolar.

O colégio era gerenciado pela ordem religiosa Irmãos Maristas, com grande parte dos professores formada por padres.

Quando vi a enorme piscina do colégio, falei para mamãe que eu toparia ir.

Então, em março do próximo ano, vida nova, pensei comigo.

Estava tudo combinado. A papelada escolar deveria ser providenciada, garantindo assim minha matrícula.

Recebemos, então, do diretor, uma enorme lista do enxoval, que logo começou a ser preparado: fronhas, toalhas, lençóis, cuecas, calções, uniformes, blusas de frio, meias etc., com as minhas iniciais bordadas, em vermelho, em cada peça. Tudo novinho em folha. Foi um trabalhão para mamãe. E um grande custo para a família.

Eu já estava me acostumando com a ideia de voltar para casa apenas nos feriados e férias escolares.

Finalmente chegou o dia. Papai, muito quieto, colocou minhas malas na perua e fomos embora para Franca.

Às vezes sentia que mamãe estava chorando baixinho. Mas, quando chegamos na porta do colégio... uma surpresa!

Meus pais desistiram da ideia e voltamos para casa com todo aquele enxoval. Felizes da vida. Muito tempo depois, eu ainda usava aquelas roupas, como lembrança de uma jornada que não aconteceu.

O Micro-ônibus do Osvaldinho (077)

Fiz o curso de admissão ao ginásio em Passos, com o famoso Professor Toniquinho.

Ele era baixinho, enérgico, mas muito competente. Fui aprovado entre os primeiros da turma, o que deixou meus pais muito orgulhosos. Pelo feito ganhei de presente um lindo relógio de pulso.

A partir de então, eu iria fazer o ginásio naquela cidade, distante cerca de 34 quilômetros de Furnas, indo e voltando todos os dias.

Para tanto, passaria a usar o serviço de transporte escolar fornecido pela Companhia.

A estrada era de terra e cheia de buracos. Muitos garotos iam vestidos com duas camisas, uma sobre a outra, como se fosse um guarda-pó. Eu achava bacana esse tipo de vestimenta.

O Oswaldinho era o motorista do micro-ônibus de número "077", que estava estampado nas laterais dianteiras.

Osvaldinho, sempre de óculos de aviador, era de pouca conversa conosco. Mas se houvesse bagunça, ele parava o veículo e chamava nossa atenção.

Quando a condução quebrava no caminho, Osvaldinho, diligentemente, tratava de parar outros veículos e ia despachando a turma, aos poucos, enquanto ele ficava aguardando socorro.

Havia um garoto cujo apelido era Querubim. Ele gostava de tirar sarro de todo mundo e sempre invocava comigo. Eu ficava quieto. Hoje em dia poderíamos chamar de bullying.

Uma tarde, no fim das aulas, estávamos em Passos aguardando o micro-ônibus chegar para o nosso retorno a Furnas.

Naquele dia, a provocação e gozação do menino para comigo passaram dos limites e eu não aguentei mais. Fiquei muito bravo, o enfrentei e dei-lhe uns tabefes.

Quando o Osvaldinho chegou, os outros garotos contaram para ele o ocorrido. Ele me chamou de lado e disse que eu tinha aguentado demais. Estava na hora de aquele menino ter uma lição, e na moral. Nunca mais Querubim mexeu comigo.

46

A propaganda é a alma do negócio

Minha família me esperava chegar da missa das onze, na Igreja de Furnas, para então iniciar a refeição de domingo.

Eu era coroinha e depois da celebração todos os materiais usados nela tinham de ser guardados na sala paroquial, o que demandava tempo.

Naquele dia, o almoço da família ia reunir meus primos, meu tio Flavio, topógrafo e expert em fotografias, tia Antonieta, nossa família e convidados.

Tio Flávio ia estrear a nova câmera fotográfica Yashica com disparador temporizado. Aliás, ele era presença garantida em casamentos, batizados e festas de comemoração, como fotógrafo "oficial".

Tia Antonieta, sempre sorridente e afável, estava ajudando mamãe na preparação da refeição.

Como eu disse, teríamos outros convidados naquele dia.

Mr. A.C. Marane, ex-superintendente de Peixoto e que, a partir de 1960, passou a trabalhar em Furnas. Estaria presente também o Sr. Fink (irmão do dono da empresa de mudanças Fink) e sua esposa, convidados de meu tio.

A sobremesa era fora de série: torta recheada com leite condensado e creme de leite, pedaços de abacaxi, pêssego em calda, coberta com chantilly e coco in natura ralado.

Os convidados a adoraram e a recomendaram para outros graúdos importantes.

Foi tão marcante a propaganda boca a boca que, sempre que a

direção da obra ia receber convidados ilustres, por exemplo, o Presidente Jânio Quadros, o responsável da casa de hóspedes da Companhia encomendava o delicioso doce de mamãe.

Ela ganhou um bom dinheirinho fazendo esse tipo de sobremesa para fora, o que reforçava o orçamento doméstico.

Eu e minha irmã tínhamos muitas panelas para raspar e lamber. Muito bom também (risos).

Da esquerda para a direita: Casal Fink; tia Antonieta; tio Flávio em pé; mamãe; Mr. A.C. Marane e papai.

47

Mudança para a praça Paraguaçu

Jânio Quadros tinha assumido a presidência da república com uma margem enorme de votos sobre seu oponente, o marechal Lott.

Enquanto isso, nós estávamos de mudança para uma casa maior, com três quartos e próxima do banco Itaú América do Sul e da igreja. Papai havia sido promovido.

Nosso cãozinho "Lulu" não nos acompanhou. Ele tinha sido atropelado e, após um período de sofrimento de 15 dias, tinha morrido.

Assim, a mudança veio também para mudar nosso foco e esquecermos um pouco o ocorrido. Embora nos lembremos dele até hoje.

O processo foi rápido, haja vista que utensílios, móveis roupas de cama etc. ficavam na casa. Só os de uso pessoal eram levados. E assim foi feito.

Um funcionário da empresa veio conferir tudo e deu os parabéns para mamãe, pois estava tudo certo. Inclusive não faltava uma só peça nos faqueiros.

Fomos morar em frente ao consultório do dentista. Ele tinha um automóvel Simca amarelo, modelo 3 andorinhas, comprado batido e que tinha sido todo reformado.

Naqueles tempos, ter um veículo próprio era coisa rara. Eu me lembro que fomos à revenda Volkswagen de Passos para ver o preço de um Fusca novo, 1961. Seiscentos e trinta mil cruzeiros, impossível para o orçamento familiar.

Por falar nisso, com o novo cargo de papai, foi destacada para ele usar no trabalho uma camionete Ford F 100 amarela com teto branco. Seu código de frota era 8 22 131. Uma maravilha de pick-up.

48

A feira ambulante

Aquele dia era o fim do período escolar. Eu tinha uma pilha de gibis que comprara e guardava durante todo o semestre para ler nas férias, para não atrapalhar os estudos, recomendação de mamãe.

Portanto, poderia ir com ela à feira ambulante do Sr. Armando.

Todas as sextas-feiras, ele vinha de Franca trazer frutas e guloseimas para vender no acampamento.

Seu Caminhão International ano 1960, vermelho, brilhando com teto branco não deixava dúvidas: era novinho em folha.

As bancas de exposição dos produtos eram cobertas por uma lona branca, denotando cuidados e esmero na escolha e proteção das mercadorias.

Poderíamos dizer que era como um supermercado luxuoso sobre rodas.

Ele estacionava seu imponente veículo em um terreno na praça Paraguaçu, em frente de nossa casa.

Tinha um megafone para anunciar sua presença e também fazia uso da buzina a ar.

As donas de casa corriam para o lugar que também servia para longos bate-papos e atualização das notícias quentinhas do acampamento.

Encontramos a governanta da casa do Padre Cássio.

Ela me conhecia pois eu era coroinha da igreja. Como eu adorava os biscoitos de polvilho que ela fazia, falou para passarmos lá que havia feito uma fornada recentemente.

Mas voltando à feira ambulante, mamãe comprava maçãs argentinas cobertas, individualmente por um saquinho roxo. Pedíamos para comprar uvas-passa em caixinhas exatamente como a imagem a seguir.

Que dia feliz!!! Férias e uva-passa em caixinha.

49

São Paulo, espere por nós

1962.

Os times de futebol do Santos e do Botafogo eram as esquadras a serem batidas no cenário nacional e internacional.

"O Pagador de promessas" estava em cartaz em todos os cinemas, pois foi o primeiro filme brasileiro a ganhar a Palma de Ouro, no Festival de Cannes, na França.

O Fusca era e continuava a ser objeto de desejo da maioria dos brasileiros.

Nesse cenário, papai foi avisado sobre uma oportunidade de emprego numa empresa de construções em São Paulo. Ele iria ajudar a construir viadutos e avenidas na capital.

Minha avó Palmira e meus tios moravam juntos no bairro da Ponte Pequena, na rua Alfredo Maia. E isso facilitou as coisas para nós.

Por indicação deles, fomos morar no bairro de Santa Terezinha, muito próximo da igreja de mesmo nome. Toda a mobília e utensílios domésticos precisariam ser comprados, no crediário, porque levamos somente nossos pertences pessoais.

Você já imaginou duas crianças viverem em um apartamento numa metrópole, em uma avenida de trânsito intenso? Ainda mais sabendo-se que antes elas só haviam morado em casas térreas, sem muros e ruas de pouco movimento, junto à natureza?

Para irmos à casa de Vovó tínhamos de pegar o ônibus elétrico. "Segurem-se bem pois ele corre muito", nos alertava papai.

Eu penso que meus tios Waldemar e Aydes, de uma maneira muito sutil, queriam fazer de tudo para nos alegrar. Deram-nos um radinho de pilha, compraram TV para colocar na sala e sempre nos davam guloseimas.

O ser humano é capaz de se adaptar a novas situações e, assim, com o tempo, fomos nos ambientando a São Paulo.

Demoramos a entender que Furnas e Peixoto tinham realmente ficados para trás. Nossas ricas recordações, não. Por isso, estão reunidas neste livro.

A magnífica foto a seguir, da Vila dos Americanos em Peixoto, fica como resumo do nosso sentimento e de todo o livro (tirada por meu filho Lissandro, em 2016).

Imagem da Vila dos Americanos, Peixoto, 2016.

Grande e afetuoso abraço a todos.

50

In memoriam (1925 – 2002)

Da direita para a esquerda: papai, meu cunhado Hugo e minha irmã Glaucia.

Manoel Lopes Braga, homem corajoso e líder nato.

Essas qualidades despontaram cedo, pois com apenas 16 anos passou a ser o arrimo da família, cuidando de seis irmãos. Meu avô, Lucio Souza Braga, morreu precocemente, devido à infecção causada por espinho de uma planta. Hoje seria curado com facilidade. Mas, estamos falando dos anos 40.

Assim, Braga procurou encaminhar os irmãos cuidando, com esmero, de sua mãe, a querida vovó Palmira.

Após a baixa do serviço militar, foi motorista, mecânico, operador de máquinas pesadas e mestre de obras, trabalhando na construção de Centrais Hidrelétricas no estado de São Paulo e Minas Gerais e outras construções na cidade de São Paulo.

Tinha apenas o segundo ano do curso primário. Muito inteligente, aplicado e simpático, aprendeu rápido suas ocupações. Dessa forma, foi galgando postos cada vez mais altos.

Seu livro de cabeceira era "O poder do pensamento positivo", de Norman Vincent Peale.

Suas paixões, além de cuidar da família muito bem, eram seu trabalho, que parecia a ele uma diversão, equipamentos de terraplanagem, caminhões, carros e relógios.

Ali pelos anos sessenta, comprou um relógio Omega Constellation. Uma espécie de troféu que coroava todo sucesso de sua vida.

Quando papai faleceu, em 19 de outubro de 2002, ele o deixou para mim. Guardei-o com muito carinho até que meu sobrinho o pediu para restaurá-lo e guardá-lo.

Ele me disse que em todas as situações de vida nas quais precisa tomar grandes decisões coloca o relógio de papai, acreditando que uma força espiritual o está guiando.

Deus o abençoe, papai.

Agradecimentos especiais

- À Furnas Centrais Elétricas S/A - Depto. de Comunicação Social - RJ, pela efetiva colaboração com relação ao uso de imagens (arquivo Furnas)

- À Diagrama Editorial, pelos 10 anos de parceria proativa.

- Ao Irineu da Silva Nunes – Furnas S/A – Usina Mascarenhas de Moraes (Peixoto). Gentil e prestativo cicerone de nossa visita à Usina de Peixoto/MG – 2016.

- Ao José Limonti Júnior – Gerente - Organização da Sociedade Civil - PROBRIG – Protetores da Bacia do Rio Grande - Ibiraci/MG. Sempre pronto a colaborar com material e fotos para o desenvolvimento desta obra.

- À Marisa Felice Porta – Professora universitária de artes, fotografia e Curadora da Casa da Cultura de Franca (Museu Cariolato), pelas fotos magnificamente remasterizadas da Usina de Peixoto/MG.

52

Bibliografia

1. Livro "Usina de Peixoto", publicado pelo Conselho Municipal do Patrimônio cultural – 2006 – Prefeitura de Ibiraci, gentilmente cedido por José Limonti Jr. Ibiraci/MG.

2. Imagens em preto e branco de Peixoto e de Furnas, devidamente autorizadas por Furnas - Centrais Elétricas S/A - Depto. de Comunicação Social – Rio de Janeiro/RJ, através de Manifestação número 2014010143, de 27/08/2020 e e-mail específico.

3. Fotos de arquivo familiar.

53

Sobre o autor

Braulio Polo Braga (Prof. Braga), escritor, autor do livro "Seja o empreendedor de sua vida", volumes 1 e 2, disponíveis no site Amazon.

Consultor, palestrante, especialista em Gestão Organizacional pela UFSCar, coach certificado e mentor de carreiras.

Eticista pela USP São Carlos (curso de Ética e Responsabilidade Social).

Ex-professor do SENAI - SP (Araraquara/SP).

Passou a infância nas Usinas de Salto Grande (Americana/SP), Peixoto (Ibiraci/MG), Santa Branca/SP e Furnas (Passos/MG), nos anos 50 e começo dos anos 60.

Contato: sejaoempreendedordesuavida@gmail.com

54

Outras obras do autor

Seja o empreendedor da sua vida:
Uma viagem para a terra da liderança, da mudança interior e do crescimento profissional

Seja o empreendedor da sua vida:
Uma viagem para a terra da liderança, da mudança interior e do crescimento profissional

Volume 2

THE END (FIM)

www.ingramcontent.com/pod-product-compliance
Lightning Source LLC
LaVergne TN
LVHW010241200726
843506LV00014B/3075